식목왕 정조의
위대한
나무 심기

지은이 김은경

강원대학교 한문교육과에서 가장 철학적인 문자라 여기는 한자를 만났습니다. 국민대학교 대학원에서 산림자원학을 공부했고, 그중에서도 역사와 생태가 살아 있는 공간인 조선 왕릉의 수목에 대한 연구로 박사 학위를 받았습니다. 이 과정에서 《조선왕조실록》과 《일성록》을 깊이 만났고, 문화 군주이자 개혁 군주인 정조가 나무 심기에 심혈을 기울였다는 사실을 발견했습니다. 현재는 국립수목원 정원식물자원과에 근무하며 자생식물에 대한 글을 준비하고 있습니다. 이 책은 성인을 대상으로 한 도서인 《정조, 나무를 심다》를 어린이들이 입체적으로 만나도록 그림과 함께 재구성한 것입니다.

그린이 지우

홍익대학교 판화과를 졸업하고 국민대학교 미술교육과 석사 과정을 졸업했습니다. 지금은 프리랜서 일러스트레이터로 활동하고 있습니다. 어린이들에게 진솔하고 재미있는 이야기를 전하고자 다양한 그림 표현을 연구하며 즐겁게 그림을 그리고 있습니다. 그린 책으로 《이상한 나라의 앨리스》, 《지켜 주지 못해 미안해》, 《동화의 꽃을 피운 할아버지 권정생》, 《아빠를 보내는 일주일》, 《내 짝꿍으로 말할 것 같으면》, 《단톡방 귀신》 등이 있고, 글을 쓰고 그림을 그린 책으로 《유치원에 네가 가!》, 《때》, 《나는 한때》가 있습니다.

식목왕 정조의
위대한 나무 심기

초판 1쇄 발행 2024년 4월 15일

지은이 김은경 | **그린이** 지우

기획편집 책상자 | **디자인** 윤형선
펴낸이 윤인숙 | **펴낸곳** 책상자 | **출판등록** 1995년 1월 4일(제10-1086호) | **주소** 경기도 고양시 덕양구 삼원로 73, 810호(원흥동, 원흥한일윈스타 지식산업센터)
전화 070-8657-3203 | **팩스** 050-4183-8848 | **블로그** blog.naver.com/thebookbox | **전자우편** thebookbox@naver.com
ISBN 979-11-969722-7-1 77910

ⓒ 김은경, 지우 2024

이 책의 저작권은 저자와 출판사에 있습니다. 저자와 출판사의 허락 없이 책의 내용을 인용하거나 발췌하지 마세요.

어린이제품안전특별법에 의한 표시
품명 어린이 도서 **제조국** 대한민국 **사용연령** 7세 이상 **주의사항** 책의 모서리에 다치지 않도록 주의하세요

식목왕 정조의
위대한
글 김은경 그림 지우
나무 심기

차례

아버지 무덤에 나무를 심다 • 10

경희궁에서 함께 자란 대추나무 • 12

온양행궁에서 만난 느티나무 • 16

경모궁을 물들인 단풍나무 • 20

영우원에 심은 노간주나무 • 24

열매가 많이 열리는 밤나무 • 28

소나무와 솔잎을 갉아 먹는 송충이 • 32

호위병을 닮은 전나무 • 36

까칠하지만 고소한 잣나무 • 40

현륭원을 풍성하게 한 상수리나무 • 44

시원한 그늘을 드리우는 버드나무 • 48

비단을 품은 뽕나무 • 52

훌륭한 인재를 품은 오얏나무 • 56

울창한 숲과 숲에 대한 열정을 남기다 • 60

아버지 무덤에 나무를 심다

230여 년 전, 조선의 22대 임금 정조는 어려서 슬픈 일을 겪었어.
아버지 사도 세자가 나무 뒤주에 갇힌 채 세상을 떠나는 걸 지켜보아야만 했지.
뒤에 임금이 된 정조는 사도 세자의 무덤인 현륭원에 1,200만 그루의 나무를 심었어.
하지만 이건 시작일 뿐이었어. 세상을 떠날 때까지 나무를 심었으니까.
정조는 왜 그렇게 많은 나무를 심었는지 함께 만나러 가 보자!

정조는 왜 현륭원에 나무를 심었을까?

정조는 임금이 되고 나서 아버지 무덤부터 살폈어. 무덤은 몹시도 초라했지. 무덤을 보고 놀란 정조는 명당으로 알려진 수원의 화산으로 무덤을 옮기고, 현륭원이라고 이름을 바꾸었어. 그러고는 푸릇푸릇한 나무를 심기 시작했어. 아버지가 좁디 좁은 나무 뒤주를 벗어나 편안하게 있기를 바라면서 말이야.

현륭원에 심은 나무는 몇 그루나 될까?

1789년(정조 13) 현륭원에 나무를 심기 시작해 7년간 심은 나무는 1,200만 9,712그루였어. 와, 그 수를 어떻게 아느냐고? 사실 조선은 기록을 중요하게 여긴 나라야. 나무를 심은 날짜, 심은 사람, 심은 나무 종류 등을 자세히 기록했지. 그렇게 정리한 문서가 1,000권 정도의 책에 달했어. 책의 분량이 너무 많자 정조는 그것을 한 권의 책으로 정리하라고 했어. 이에 정약용이 한 장짜리 문서로 정리했는데, 그 문서에 이렇게 적혀 있었지.

오늘 두루두루 돌아보았는데, 새로 심은 나무들이 대부분 울창하게 자랐구나! 지금부터는 나무를 심느라 큰 힘을 쏟지 않아도 되겠구나.

경희궁에서 함께 자란 대추나무

열세 살에 왕세손으로 책봉*된 정조는 임금이 될 때까지 10년이 넘는 동안
경희궁에서 살았어. 경희궁에서 정조는 주로 존현각에 머물렀는데,
그곳에는 눈에 띄는 나무가 있었어. 바로 대추나무야.
어린 정조는 존현각 앞에 있던 이 나무와 함께 자라며
조선이 울창한 숲으로 채워지기를 꿈꾸었을 거야.

* 책봉 : 임금이 왕세자, 왕세손, 왕후 등의 작위를 내리는 것.

대추나무

최대 높이 7~8미터까지 자라는
갈잎 작은키나무야. 6~7월에 연한 황록색 꽃을
피워. 가을에는 둥근 모양의 열매인 대추가
주렁주렁 열려. 열매는 대체로 많이 열리는데,
때로는 가지가 휘어질 정도로 달려.
영양분이 많지 않은 흙에서도 잘 자라서
정원수로도 인기가 있어.

영취정에 올라 경희궁을 내려다보다

영취정은 경희궁에서 가장 북쪽에 있는 정자야.
이곳에 오르면 궁궐 너머로 육상궁이 잘 보여.
육상궁은 영조의 어머니 숙빈 최씨의 **신주***가 있는 사당이야.
매일 아침 영조는 이곳에 올라 어머니에게 문안 인사를 올렸어.
이때 세손인 정조도 할아버지와 늘 함께 했어.
이곳에서 정조는 숲이 우거진 경희궁을 내려다보았지.

*신주 : 죽은 사람의 이름을 적어 놓은 나무패.

'계마조*'라 불린 대추나무의 비밀

존현각 앞의 대추나무에는 한 이야기가 서려 있어.

* 계마조 : 말을 묶어 놓는 대추나무라는 뜻.

이 나무는 인조의 아버지 정원군(1580~1619)이 타고 다니던 말을 묶어 두기 위해 심었다고 해. 그러다 어느 날 갑자기 말라 죽었지.

그런데 1661년(현종 2)에 나무가 살아나 꽃을 피웠는데, 그 해에 숙종이 태어났어.

그리고 60년이 흐른 1721년(경종 1)에 또다시 꽃을 피우는데, 이때 영조가 왕세자로 책봉돼.

다시 61년이 흐른 1782년(정조 6)에 또 꽃을 피웠는데, 이때는 정조의 장남 문효 세자가 태어나.

《일성록》에 보이는 대추나무의 기록

왕의 말과 행동을 날마다 기록한 책 《일성록》을 보면, 존현각 앞뜰에 있던 대추나무에 대한 내용이 담겨 있어.
"거의 고사 상태에 이르렀는데, 곁뿌리가 뻗어 나와 이렇게 크게 자랐다."
1777년(정조 1) 대추나무를 보고 정조가 한 말이야. 정조가 말한 대로 대추나무는 뿌리에서 자라는 어린 줄기를 옮겨 심으면 번식시킬 수 있어.

정조는 무엇으로 나무에 대해 배웠을까?

조선 시대 선비들은 《시경》이라는 책으로 나무, 곤충, 새 등의 이름을 배웠어. 정조도 이 책을 통해 배웠을 거야. 하지만 무엇보다도 쉽게 나무를 볼 수 있는 경희궁의 환경이 많은 도움이 되었지.

온양행궁에서 만난 느티나무

온양행궁은 조선 시대 왕이 온양에 온천욕을 하러 갈 때 묵는 별궁이야. 1760년(영조 36) 사도 세자는 요양차 이곳에 간 적이 있어. 이때 활쏘기를 했는데, 모두 과녁에 맞았다고 해. 이를 기념하여 느티나무를 심었고, 이 나무를 '신령스런 느티나무', '영괴'라고 했어. 그 후 이 나무는 잠시 잊혀 있다가 1795년(정조 19)에 주위에 단을 쌓아 '영괴대'라고 이름을 붙였지. 정조는 그 소식을 듣고 영괴대라는 글자를 써서 내려보내 비석을 세워 주었어.

느티나무

잎이 무성하고 키가 20~30미터로 크게 자라는 나무야. 여름에는 넓게 그늘을 만들어 주고 마을을 지켜 주는 신성한 나무라고 생각해서 많이 심었어. 천 년 이상 살 수 있는 나무로, 신라 시대부터 신성하게 여겨 함부로 베지 못하게 했지.

정약용이 우연히 발견한 온양행궁 느티나무

사도 세자가 심은 느티나무는 점점 잊혔어. 그러다 30년이 지난 즈음, 정약용이 유배지에서 돌아오다 우연히 발견해. 처음에 세 그루였던 느티나무는 한 그루만 남았지. 그것도 가지는 마르고, 덩굴 식물이 몸통을 감싸 상태가 좋지 않았어.

정약용은 정조에게 이 사실을 알렸어. 이에 정조는 온양행궁을 보수하고 느티나무를 더 심도록 했으며, 이에 대한 기록을 남겼지. 바로 《영괴대기》라는 책으로 말이야.

〈온양별궁전도〉에 보이는 느티나무 세 그루

《영괴대기》에 실려 있는 〈온양별궁전도〉야. 왼쪽 위 부분을 보면 나무 세 그루가 그려져 있어. 이 중 한 그루는 사도 세자가 심은 것이고, 나머지 두 그루는 정조가 나중에 더 심으라고 한 느티나무일 거야.

비록 사도 세자와 정조가 심은 나무는 아니지만
온양행궁 터에는 지금도 느티나무가 자라고 있어.
온양행궁에서 사도 세자가 활을 쏘아 과녁을 맞힌 일을
알고 있는 이들이 그 일을 기념하기 위해
심고 또 심은 나무들일 거야.

온양행궁
영괴대

사도 세자는 온양 온천에 갔을 때 서쪽 담장 안에서
활쏘기를 한 뒤 느티나무 3그루를 심어. 훗날 이곳에
그늘을 드리우게 할 목적이었지. 정조는 이런 사도 세자의
뜻을 기념하기 위해 느티나무 옆에 비석을 세웠어.

경모궁을 물들인 단풍나무

1783년(정조 7)에 경모궁을 찾은 정조의 마음은 아팠어.
임금이 되어 나무를 심기 시작한 지 7년이나 지났는데도
경모궁 앞길은 텅 비어 보였거든.
정조는 곧바로 더 많이 나무를 심게 했어.
그중에서도 특별히 붉디붉은 단풍나무를 말이야.

단풍나무

높게 자라고 가을에 잎을 떨구는 나무야.
손바닥을 펼친 듯 여러 갈래 갈라진 모양의 잎이 나.
열매는 두 개의 날개가 브이(V) 자처럼 붙은 모양인데,
열매자루 끝에 달려. 가을에 잎이 붉은색으로 변해서
단풍이라는 이름이 붙었어.

경모궁 앞길에 나무를 심은 곳이 아직도 성글어 근심스럽구나. 유관문 밖은 나무가 없어서 비는 곳이 너무 많으니 단풍나무 종류를 모쪼록 많이 심도록 하여라!

1783년 정조는 경모궁과 주변에 1만 6천 그루의 나무를 심도록 했어.

왜 경모궁에 단풍나무를 더 심으라고 했을까?

젊은 나이에 삶을 마감한 아버지의 사당에 울긋불긋한 생기를 불어넣고 싶었기 때문일 거야. 경모궁은 정조의 아버지 사도 세자의 혼을 기리는 사당이야. 원래 수은묘*라 했는데, 정조가 임금이 되면서 고쳐서 새로 짓고 경모궁으로 부른 거지.

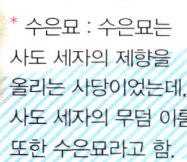

* 수은묘 : 수은묘는 사도 세자의 제향을 올리는 사당이었는데, 사도 세자의 무덤 이름 또한 수은묘라고 함.

《경모궁의궤》에 기록하다

《경모궁의궤》는 1783년(정조 7)에 의궤청에서 만든 책이야. 이 안에는 경모궁에 관한 모든 기록이 담겨 있는데, 나무 심기에 대한 항목도 자세하게 적혀 있어.

그중에는 이런 기록도 있어. 김덕채는 훈련도감 군인이었어. 그는 나무를 심는 재능이 있었지. 이걸 알아본 정조가 경모궁에 나무 심는 일을 완전히 맡겨. 김덕채는 9년에 걸쳐 1천 그루 넘게 심었대. 그것도 혼자서 말이야.

경모궁을 수시로 드나들다

경모궁을 만든 뒤 정조는 이곳을 336회나 찾았어. 심지어 자주 갈 수 있도록 궁궐에 따로 문을 만들기까지 했지. 창경궁의 월근문에서 경모궁의 일첨문을 통해 자주 다녔어.

- 경모궁 일첨문
- 창경궁 월근문

경모궁에 단풍나무만 심었을까?

그럴 리가. 경모궁에 심은 나무의 종류는 소나무, 전나무, 단풍나무, 가래나무, 매화나무, 살구나무, 복숭아나무, 버드나무 등이었어. 매년 봄과 가을에 심고 관리했지. 특히 한 사람이 한 곳을 맡아 나무 심는 일을 계속하게 했어. 특히 김덕채는 나무 심는 시기에는 항상 경모궁에서 보냈지.

숲은 어디 가고 경모궁 터만 남았네

정조가 자주 행차하고 큰 관심을 가져 정조 때에는 경모궁이 잘 관리되었지만
지금은 흔적만 남아 원래 있던 위치를 알리고 있을 뿐이야.
숲과 건물은 대부분 사라지고 지금은 전각 하나만 남아서 경모궁 터로 불리고 있어.
경모궁 터는 서울대학교 병원 앞에 가면 볼 수 있어.

영우원에 심은 노간주나무

영우원은 사도 세자가 처음으로 묻힌 곳이야.
묻힐 당시에는 수은묘로 불리다가 정조가 임금이 된 뒤 영우원으로 고쳤어.
나중에 수원으로 옮기기 전까지
정조는 나무를 심으며
영우원을 정성껏 관리해.
그렇게 영우원에 심은
나무 중의 하나가
노간주나무야.

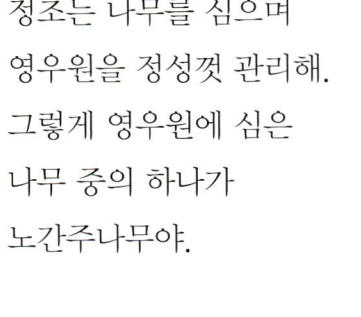

노간주나무
늘 푸른 잎이 나고, 위아래로 뾰족하게 키가 큰 나무야.
산기슭의 양지 쪽 특히 석회암 지대에서 잘 자라.
잎이 가늘고 날카로운 침엽수이며, 암수가 다른 나무야.
가을에 7~8밀리미터 크기의 열매가 열려.

아버지의 무덤을 찾은 정조

정조는 23세 때 처음으로 아버지의 무덤을 찾아가. 이때 무덤을 옮길 계획을 세웠을 거야. 그곳은 명당 자리가 아니었거든. 크고작은 문제들도 생겼지. 무덤가의 잔디가 말라 죽는 일이 많았어. 물론 잔디를 다시 심었지만 소용이 없었어. 그런데 문제는 이뿐만이 아니었어.

산사태가 나다

1778년(정조 2) 5월에 장맛비가 내려 영우원으로 가는 고갯길에 산사태가 일어나. 그해 6월에 산사태가 난 곳에 흙을 보충해서 공사를 하고, 넓게 무너진 곳에는 기장을 심도록 했어. 기장의 뿌리는 흙을 잘 잡아 주고, 척박한 땅에서도 잘 자라거든.

산사태 현장에 노간주나무를 심다

산사태가 일어난 안락현에 흙을 보충하는 공사를 하고 기장을 심었지만 산사태는 해마다 반복되었어. 그러자 영우원의 실무 담당자인 이정인이 안락현에 흙대신 돌을 깔자고 했어. 정조는 이정인의 의견을 받아들여 정조 9년 8월부터 돌을 까는 공사를 진행시켰어.

또한 영우원 서쪽 기슭에 제방을 쌓는 공사도 함께 진행되었어. 제방을 쌓은 곳에는 나무를 심었지. 바로 노간주나무야.

왜 노간주나무를 심었을까?

노간주나무는 5~6월에 심어도 말라 죽을 염려가 없었어. 그래서 1778년 5월에 무려 6백 그루를 심었어. 제방에는 노간주나무 외에도 1천 그루의 다른 나무를 더 심었지.

제방 공사가 이틀 반 만에 끝났다고?

맞아. 예정보다 일찍 끝났어. 이유는 일꾼들에게 품삯을 정확하게 지급한 덕분이야. 흙을 한 번 나르는 데 한 푼씩 지급하자 사람들이 앞다투어 날랐지. 이때 사용된 금액은 1천 금이었어. 동원된 인원은 1만 명에 달했어. 하루에 열 번 흙을 져 나르면 1전이었는데, 당시 쌀 한 말 가격은 대략 2~3전이었지. 그러니까 하루에 20번만 흙을 져서 나르면 쌀 한 말을 살 수 있었던 거야.

한 번이라도 더 날라야지.

쌀 한 말을 드니 든든하군!

솎아 내고 가지를 쳐라!

어느 날, 정조는 숙종이 묻힌 명릉을 보살피던 어영대장 구선복에게 보고를 받아. 나무가 너무 빽빽하게 자란다고 말이야. 정조가 "나무가 많은 곳은 가지를 조금 베어 내라."고 했어. 이에 구선복은 무성하게 자란 부분을 제거하면 나무가 더 번성할 수 있을 것이라고 말해. 솎아베기와 가지치기를 통해 숲을 관리한 거야.

솎아베기

가지치기

영우원이 있던 자리는 어떻게 되었나?

정조는 영우원을 수원의 현륭원으로 옮긴 뒤 사도 세자가 처음 묻혔던 곳에다 나무를 심었어. 시간이 흘러 지금은 서울시립대학교가 들어섰지. 이제는 무덤이 있었다는 표시만 남아 있어.

영우원 터 표지석

열매가 많이 열리는 밤나무

정조가 왕위에 오른 지 20년이 되는 1796년(정조 20)에는 1백만 그루의 나무를 심어. 그중 밤나무가 3천 그루 정도였어. 수원으로 옮긴 사도 세자의 무덤인 현륭원 재실 동쪽부터 골짜기 마을에 두루 심었지. 얼마 뒤 재실 부근에 심은 밤나무에서는 밤을 수확했어. 그러자 정조는 근처 골짜기에 사는 백성들을 위해서도 밤나무를 심도록 했어. 정조가 심은 밤나무 열매는 백성들의 좋은 먹거리가 되었지.

밤나무

4월 중순에 눈이 트고, 5월 초에 잎을 달기 시작해 6월 초가 되면 꽃이 피어. 9월이면 열매를 맺지. 늦게 시작해도 빨리 열매를 맺는 나무야. 또한 꽃도 20일 동안 피어 있어 벌이 꿀을 따기에도 충분해서 먹거리에 도움이 되었을 거야.

〈율원정기〉로 밤나무를 기억하다

정조가 쓴 글들을 모아 놓은 책《홍재전서》를 보면 〈율원정기〉라는 기록이 있어. 그 글에는 밤나무가 등장해. 바로 숙종의 제2계비인 인원 왕후 김씨에 관한 일이야. 김씨는 어릴 때 아버지를 따라 평안도 순안에서 살 때 관아에 손수 밤나무를 심었어. 이 나무는 쑥쑥 자라서 열매를 많이 맺었지. 시간이 흘러 1701년에 김씨가 왕비가 되면서 이 밤나무는 귀한 대접을 받아. 1757년(영조 33)에는 영조가 밤나무 둘레에 담을 쌓고 문을 달라고 했어. 그러고는 직접 글씨를 써서 내려 관아 추녀 끝에 걸게 했지. 후에 정조는 작은 정자 율원정을 만들어 영조의 글씨를 걸어 두었어.

한 그루가 네 그루로 늘어나다

밤나무는 수명이 30년 정도 돼. 〈율원정기〉 속 밤나무도 30년이 지나서 죽었을까? 기록을 보면 이 나무는 시들어 죽지 않고 곁뿌리에서 새로운 나무가 자라나고 떨어진 밤에서 싹이 났어. 결국 한 그루였던 나무가 네 그루로 늘어났지.

밤나무를 심어 경관을 가꾸어라!

정조의 밤나무 심기는 1798년(정조 22)에도 이어져. 이때는 대황교와 근처 황교동 주변에 3,823그루의 밤나무를 두루 심게 하지. 대황교는 정조가 현륭원을 행차할 때 지나가는 다리였어. 지금은 원래 있던 자리에서 화산의 융릉 입구로 옮겨 놓았어.

정조는 화성 구산에 나무를 비롯한 잡목을 두루 심어 경관에 신경을 쓰라고 해. 그중 밤나무를 특히 많이 심은 동네는 밤나무를 뜻하는 글자가 이름에 붙었는데, 지금까지도 남아 있어. 율전동이라고 말이야.

밤나무를 두루두루 심게 하라!

수원 외 다른 곳에도 밤나무를 많이 심었다는 기록이 있어. 1798년(정조 22)에 배봉과 면목동 일대에 대규모로 밤나무를 심었어. 〈일성록〉을 보면 그해 청량리 일대에 심은 밤나무는 7,300그루이고, 면목리에 심은 밤나무는 1만 8,200그루로 총 2만 5,500그루야. 정조 당시 양주에 속했던 면목동, 청량리 일대의 밤나무는 현재 거의 사라졌지만, 아직도 양주에는 밤나무가 아름드리 자라는 곳이 많아. 이 일대를 사람들은 밤나무골이나 밤골이라고 부르고 있어.

밤나무를 좋아한 고려 사람 율정 이야기

고려 시대 문신인 윤택(1288~1369)은 밤나무를 좋아해서 호를 율정이라고 지었대. 율정은 밤나무를 좋아한 이유를 다음과 같이 말했다고 해.

봄이면 가지가 성글어서 가지 사이로 꽃이 서로 비치고,

여름이면 잎이 우거져서 그 그늘에서 쉴 수 있으며,

가을이면 밤이 맛이 들어 내 입에 가득 채울 만하며,

겨울이면 껍질을 모아 내 아궁이에 불을 땐다.

가장 늦은 시작, 가장 화려한 결말

"밤나무는 모든 물건보다 가장 늦게 나는 것이며, 재배하기가 매우 어렵고 자라는 데 오랜 시간이 걸리지만 자라기만 하면 크기 쉽다. 잎이 늦게 피지만 피기만 하면 그늘을 쉽게 만들어 주며, 꽃이 매우 늦게 피지만 피기만 하면 무성하기 쉽고, 열매가 매우 늦게 열리지만 열리기만 하면 거두기 쉽다. 대개 그 물건이 기울면 차고 겸손하면 이익이 있는 이치가 있기 때문이다."
고려 후기 문신 백운보가 율정을 보고 평가한 말이야. 율정이 비록 늦은 나이에 벼슬길에 오르지만 9번이나 승진하며 나랏일을 위해 최선을 다했거든.

소나무와 솔잎을 갉아 먹는 송충이

정조는 1790년(정조 14) 가을에 소나무를 45만여 그루 심게 했어.
소나무는 옮겨 심을 경우 잘 자라기 힘들어. 여러 번 되풀이한 끝에 해결 방법을 찾아냈어.
그런데 솔잎을 갉아 먹는 송충이가 골칫거리였어. 정조는 송충이를 잡으라는 명을 내렸어.
사실 정조가 그런 명을 내린 것은 소나무를 보호하려는 마음 때문만은 아니었어.
송충이를 잡는 것이 백성을 위하는 일이라고 생각한 때문이었어.

소나무

소나무과의 대표적인 침엽수야.
한반도 북부 고원 지대를 제외한
우리나라 전역에서 자라는 나무야.
줄기는 높이 35미터, 지름 1.8미터쯤 되며
꽃은 5월에 펴. 수꽃은 노란색으로
새로 나는 가지의 밑부분에 달리고,
암꽃은 자주색으로 가지의 끝부분에 달려.

화산에 소나무를 심다

1790년에 소나무를 대량으로 심은 화산은
사도 세자가 묻혀 있는 현륭원의 뒷산이야.
정조는 화산 주봉에서 현륭원으로 내려오는 산자락뿐만
아니라 현륭원 반대편 산자락에도 나무를 심게 했어.

소나무는 대토하여 심어라

소나무는 조선 왕릉에 가장 많이 심은 나무야.
그런데 옮겨 심는 과정에서 살아남는 확률이 낮아서 골머리를 앓았지.
결국 해결 방법을 찾아냈어. 바로 대토하여 심는 거야.
소나무를 캐낼 때 뿌리만 캐내는 것이 아니라
흙을 뿌리에 붙인 채 캐내서 흙이 떨어지지 않도록 묶어서 옮겨 심는
방법이야. 정조 14년에 소나무 심기는 모두 이 방법으로 진행했어.

대토와 씨뿌리기를 함께 하라

정조는 현륭원의 봉분을 중심으로 한 산자락은 물론
봉분이 위치한 곳에서 보이지 않는 곳까지 모두
소나무를 심으라고 했어. 이때 심은 소나무만 무려
45만 6,378그루였어. 그런데 소나무를 심는 면적이
너무 넓었어. 그래서 소나무를 대토하여 심는 것
외에도 소나무 씨를 많이 뿌리라고 했어. 화산은 금세
울창하게 소나무 숲을 이루었지.

소나무의 송충이를 잡아라

소나무를 괴롭히는 송충이는 지금이나 조선 시대나 큰 골칫거리였어. 특히 정성껏 가꾼 현륭원 주변 소나무에 송충이가 들끓는다는 사실은 정조에게 여간 신경 쓰이는 일이 아니었지. 그래서 정조는 백성들에게 송충이를 일일이 잡으라고 명해. 당시로서는 가장 확실하게 송충이를 없애는 방법이었지.

송충이를 잡은 만큼 값을 쳐 주어라

정조는 송충이를 잡는 데 사람들을 강제로 불러 모으지 않았어. 잡은 벌레의 무게에 따라 값을 쳐 주도록 했지. 그러자 백성들은 즐거운 마음으로 송충이를 잡았어. 많이 잡을수록 더 많은 돈을 받게 되자 현륭원 근처 송충이는 금방 사라졌어.

정조가 송충이를 잡아서 삼켰다고?

간혹 이런 이야기를 들은 적이 있을 거야. 정조가 아버지 무덤에 행차했을 때의 이야기야. 무덤 주변 소나무에 송충이가 들끓는 것을 본 정조는 송충이를 잡아서 입에 넣고 이렇게 말했대.
"소나무 잎을 갉아 먹다니 차라리 내 심장을 갉아 먹어라."

그러자 현륭원 소나무에 가득했던 송충이가 우수수 떨어졌대. 정조가 정말 송충이를 삼켰을까? 조선의 임금이 진짜로 그렇게 했다면 분명 역사에 기록되었을 거야. 그런데 어떤 자료에도 그런 기록은 없어. 정조와 송충이 이야기는 정조의 효심을 드러내기 위해 후세 사람들이 만들어 낸 이야기일 뿐이지.

정조가 소나무의 송충이를 잡게 한 진짜 이유

정조가 송충이를 잡게 한 이유는 단지 왕릉 소나무를 보호하기 위한 것만은 아니었어. 송충이 때문에 소나무가 죽으면 산은 민둥산이 될 거야. 그러면 백성들이 땔감을 구하기 어려워지고, 비가 오면 산의 흙이 흘러내려 민가에 피해를 줄지도 몰라. 그러니까 송충이를 잡는 것은 곧 백성들을 위하는 일이었지. 또한 정조는 더운 여름에 송충이를 잡느라 고생하는 백성들에게 약을 보내기도 했어. 영양제인 제중단과 일사병 약인 광제단, 청심원, 향유산 등을 내렸지.

바다로 간 송충이, 물고기와 새우로 변했다고?

송충이 잡기는 성공적으로 진행되었어. 그렇다면 많은 사람들이 잡아 온 송충이는 어떻게 처리했을까? 정조는 여러 날 고민한 뒤, 잡은 벌레를 바다에 던져 넣으라고 해. 그것도 멀리 떨어져 있는 구포 바다에 말이야. 왜 그랬을까? 벌레가 날아 바다로 들어가 물고기와 새우로 변했다고 한 옛이야기를 따른 것이야. 정조는 송충이라는 작은 생물에 대해서도 마음을 기울였지.

정조가 따른 옛이야기는 중국 후한 때의 장군 마원이 무릉 태수로 있을 때의 이야기야. 마원이 가난한 백성들에게 식량을 주어 돕고 세금을 가볍게 해 주었어. 그러자 메뚜기가 바다로 날아 들어가 물고기와 새우로 변했다고 해.

호위병을 닮은 전나무

전나무가 길 양옆으로 줄지어 선 모습은 마치 군인들이 호위하는 듯한 느낌이야.
옛날에는 전나무가 바람을 가르며 달리는 말과 같아 보였다고 해서 포마송이라고도 불렀어.
포마송은 옛날 교통수단인 역참에 갖추고 있던 말을 뜻해.
정조는 왕의 길을 지키는 군인처럼 보이는 전나무를 왕릉 행차길 양옆으로 심게 했어.

전나무
키 큰 나무로, 잎이 바늘같이 생겼어.
늘푸른나무야. 곁가지가 없이 줄기가
미끈하고 곧게 자라서 궁궐의
기둥 재료로 많이 사용되었어.
추위에 강하여 전국 어디서나
겨울나기는 쉽지만 고온 건조한
지역에서는 잘 자라지 못해.

현륭원으로 가는 원행로에 전나무를 심어라

1791년 봄에 정조는 전나무 3,683그루를 현륭원에 심었어. 주로 홍살문 앞에서부터 현륭원으로 들어오는 입구에 집중적으로 심고, 현륭원 전체에도 고루 심었지.

1796년(정조 20)에는 156그루의 전나무를 더 심었어. 이후 1799년(정조 23)에는 정조가 현륭원으로 행차하는 길인 안녕리에서 유첨현까지 가는 원행로에 628그루의 전나무를 심었어.

나무 심기에 군대를 동원하다

장용영은 1788년(정조 12)에 만들어진 정식 군영이야. 이후 10년간 2만 명에 이르는 군대 조직으로 커졌지. 궁궐 내의 경비를 맡는 내영과 정조의 현륭원 행차 때 호위를 맡는 외영으로 이루어졌어. 정조를 호위하도록 만들었기에 장용영 군인들은 무예가 뛰어났지. 정조는 이런 장용영을 나무 심기에도 동원했어.

호위하듯 심어 놓은 전나무

갈가에 양옆으로 심은
전나무를 보면 군사들이 줄지어
호위하는 것 같은 모습이야.
소나무와 달리 높이 쭉쭉
뻗어 자라는 전나무의 특징 때문이지.
정조는 현륭원 행차를 위해
행진하는 길 양옆으로
늘 푸른 전나무를 줄지어 심도록 했어.
행차를 장엄하게
만드는 장치로 말이야.

영조가 심은 전나무에 울타리를 만들다

조선 왕실은 선대 왕의 뜻을 물려받아 이어가는 것을 큰 효라고 생각했어.
정조도 여러 가지 뜻을 이어갔는데, 나무 심기도 그중 하나였어. 전나무를 예로 들어볼까?

조선의 17대왕 효종은 아버지 인조의 능인 장릉에 손수 전나무를 심었어. 그로부터 70년 뒤에 장릉에 사고가 생기자 영조가 직접 장릉을 찾아가. 그곳에서 뱀의 뼈가 나뒹구는 모습을 본 영조는 장릉을 옮기기로 해.

이때 영조는 장릉에서 효종이 심은 전나무가 울창하게 자란 것을 발견해. 그래서 이 전나무의 씨를 받아서 새로 옮기는 능에 뿌리기로 해. 원래 무덤에 있던 전나무는 잘 보호하도록 하고 말이야. 그리고 효종의 뜻을 이어받기로 하고 새로 꾸민 장릉에 가서 직접 전나무를 심어.

영조가 장릉에 전나무를 심은 지 60년이 흘렀을 때 정조가 행차한 적이 있었어. 이때 정조는 이 전나무를 보게 돼. 효심이 깊은 정조도 영조의 뜻을 이어받아 나무를 심었을까? 아니야. 정조는 다만 구리로 울타리를 만들어 보호하고 영조가 직접 나무를 심었다는 기록을 남겨.

장릉에서 전나무를 만나자

장릉에 가면 지금도 전나무를 볼 수 있어. 장릉 입구에서 홍살문으로 가는 길에 전나무 몇 그루가 서 있어. 물론 영조가 심은 나무는 아니야. 영조가 정자각 근처에 심은 전나무 대신 지금은 능침 뒤쪽에 멋진 소나무가 서 있는 걸 볼 수 있어.

까칠하지만 고소한 잣나무

정조가 심으라고 한 나무를 보면 백성을 사랑하는 마음을 엿볼 수 있어.
그런 나무 가운데 하나가 바로 잣나무야. 잣나무는 침엽수 가운데 가장 영양가 많은
먹거리를 제공했으니까. 고소한 맛을 자랑하는 잣 말이야. 이렇듯 정조가 고른 잣나무는
왕실에는 풍성한 숲을, 백성들에게는 잣이라는 먹음직스러운 먹거리를 주었어.

잣나무

추운 지방에서 잘 자라는 침엽수야.
보통 20~30미터로 자라며, 나무 껍질은 흑갈색이야.
껍질 표면은 얇은 조각이 떨어지고 만지면 까끌까끌해.
씨앗인 잣은 기다란 달걀 모양이야.

관동 지방의 잣을 가져다 심어라

정조가 현륭원에 심은 잣나무는 대관령 동쪽 지방인 관동 지방의 잣나무에서 채취한 잣에서 자라난 거야. 1789년 현륭원을 만들 때부터 10년간 뿌린 잣을 살펴보면 모두 85석 19두 5승이었어. 이걸 무게로 바꿔 계산해 보면 약 1만 3천 킬로그램이라고 해.

보통 1헥타르 면적당 40킬로그램을 땅에 뿌린다고 했을 때 1만 3천 킬로그램이면 잣을 뿌린 면적이 325헥타르 정도에 해당해. 수원 화성의 면적이 130헥타르이니 화성의 2.5배 면적에다 잣을 뿌린 거야.

잣나무

소나무 열매

소나무의 **구과***인 솔방울은 대기에 수분이 많으면 꼭 닫혀 있고, 건조하면 펴져. 이는 솔방울 안의 씨를 보호하기 위한 방법이야. 이런 솔방울 특성 덕분에 천연 가습기로 사용하기도 해.

* 구과 : 종자가 겉으로 드러난 겉씨식물의 열매를 공 모양의 과실이란 뜻으로 구과라고 함.

전나무 열매

전나무 구과는 다 익으면 나뭇가지에 달려 있다가 비늘이 하나씩 땅으로 떨어져. 그래서 전나무 아래에는 방울 열매가 없고 비늘만 잔뜩 쌓여 있지.

잣나무 열매

잣나무 구과는 보통 잣송이라고 불러. 소나무 구과인 솔방울보다 길고 좀 더 두툼하며 비늘이 밖으로 젖혀져 있어. 잣송이 안에는 잣이 들어 있고, 잣을 보호하기 위해 송진을 많이 내보내.

현륭원을 풍성하게 한 상수리나무

조선 왕릉을 만들 때 가장 많이 심은 나무는 항상 푸르름을 자랑하는 상록수야. 정조는 현륭원을 꾸밀 때 이런 상록수뿐만 아니라 상수리나무 같은 활엽수도 많이 심어 울창하게 만들었어. 잡목이라도 귀하지 않은 게 없다고 생각한 정조는 아버지 무덤을 좀 더 풍성하게 꾸미도록 했지.

상수리나무

도토리가 열리는 참나무 종류의 하나로, 한반도에서 자생하는 대표적인 활엽수야. 우리나라 전역에서 잘 자라지. 건조한 곳에서도 잘 자라고, 추위에 강하지만 다른 참나무에 비해 음지에서는 잘 자라지 못해.

현륭원에 나무를 다양하게 심어라

현륭원의 나무 심기는 10년 동안 이뤄졌어.
해마다 봄과 가을에 나무를 심었지. 현륭원을 꾸미기
시작하면서 처음에 심은 나무는 모두 잡목이었어.
이때 심은 잡목은 22만 297그루였어. 그중 대표적인 나무가
바로 상수리나무야. 그 외에도 과일나무, 대추나무, 밤나무, 뽕나무,
옻나무, 피나무, 가래나무, 가죽나무 들을 다양하게 심었어.

박명원, 정조의 고민을 해결하다

사도 세자의 무덤은 처음에 수은묘라고 했어. 정조가 임금이 된 뒤 영우원으로 이름을 바꿔. 이 영우원을 수원으로 옮기고 현륭원으로 꾸밀 수 있게 만든 인물이 바로 박명원이야. 사도 세자의 무덤을 만드는 일에 책임지고 정성을 다한 인물이지. 박명원이 올린 **상소*** 덕분에 영우원을 옮길 계기가 마련되었거든.

* 상소 : 신하가 임금에게 글을 올리던 일을 말함.

박명원은 누구인가?

박명원은 영조의 사위이자 정조의 고모부야. 영조가 가장 사랑했던 딸인 화평 옹주의 남편이었지. 정조는 영조의 신임과 사랑을 받은 박명원을 의지하고 믿었어. 박명원은 사도 세자의 무덤을 조성했을 뿐만 아니라 사도 세자의 생모 영빈 이씨, 영조, 정조의 첫째 아들인 문효 세자, 정조가 사랑한 의빈 성씨 등의 장례를 도맡아 진행한 인물이기도 해.

박명원의 상소, 영우원을 옮겨야 할 네 가지 이유

박명원은 영우원을 옮겨야 할 이유를 다음과 같이 주장하며 정조에게 상소를 올려.

1. 무덤에 입혀 놓은 떼가 자꾸 말라 죽는다.

2. 무덤의 동쪽인 청룡이 뚫려 있다.

3. 뒤쪽을 받치는 곳에 물살이 심하게 부딪친다.

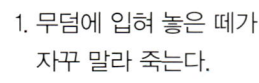

4. 절벽의 석축이 천연으로 형성된 것이 아니다.

정조가 나무심기에 정성을 기울인 현륭원

정조가 정성으로 가꾼 현륭원은 1899년 고종 때 왕릉으로 격상돼. 융릉이라고 말이야. 정조의 무덤인 건릉은 현륭원 가까운 곳에 조성되었지. 지금도 나무가 울창한 융릉에 가면 정조의 마음이 느껴질 거야.

시원한 그늘을 드리우는 버드나무

정조는 현륭원을 조성한 지 2년이 지난 1791년에 버드나무를 심기 시작했어. 현륭원의 경계 지점과 동서방향 길에 5리* 간격으로 심었지. 이 길은 정조가 현륭원으로 행차할 때마다 지나는 곳이었어. 이 길을 따라 양옆에 가로수로 버드나무를 심은 거야. 강인한 생명력을 자랑하는 버드나무가 백성들에게 시원한 그늘을 드리우도록 말이야.

* 리 : 약 0.4킬로미터의 거리를 말해. 5리는 2킬로미터쯤 돼.

버드나무

전국 각처에서 잘 자라. 높이 20미터, 지름 80센티미터 정도로 크게 자라며, 가지를 꺾어서 땅에 심어도 뿌리가 쉽게 뻗어 번식해. 4월쯤 버드나무 꽃이 활짝 피는데, 모양이 강아지처럼 동글동글하게 생겨 버들개지, 버들강아지라고 불러.

원행로에 버드나무로 가로수를 만들다

1791년 현륭원 행차길에 가로수로 심은 버드나무는 모두 1,571그루였어. 2년 뒤인 1793년에는 현륭원 명당과 북쪽 고개인 배양치의 둑을 새로 쌓은 곳에 버드나무와 잡목 2만 그루, 1795년에는 유근교에서 만년제에 이르는 원행로에도 버드나무와 소나무를 심었어.

버드나무는 씨로도 번식하지만 가지로도 번식해. 생가지를 20~25센티미터로 잘라 땅에 꽂으면 돼. 워낙 번식력이 좋아서 가지를 세로로 놓든, 옆으로 놓든, 거꾸로 놓든, 바로 놓든 상관없이 뿌리를 잘 내리지.

1796년에도 성황산과 용주사에 버드나무를 심었어. 이후에도 유첨교와 원행로 등에 버드나무를 더 심었어.

물가에서 잘 자라는 버드나무, 경계의 역할을 하다

정조는 5군영의 군사를 동원해 버드나무를 심었어. 1791년 봄에 심을 때는 각 **화소***의 경계마다 버드나무를 심도록 했어. 성황산에 심을 때도, 새로 나무를 심은 곳의 시작점과 끝의 경계에 버드나무를 심었지. 20미터로 크게 자라는 버드나무는 경계를 표시하기에 좋았거든.

*화소 : 산불을 막기 위해 능·원·묘의 해자 밖의 초목을 불살라 버린 곳.

하얀 솜털처럼 날아오르는 버드나무 씨

버드나무 꽃은 4월에 피고, 수정이 되면 5월에 열매가 익는데, 열매에는 하얀 솜털이 달려 있지. 봄에 바람이 불면 버드나무 근처에서는 하얀 솜털이 눈처럼 날리는 걸 볼 수 있어. 정조가 봄에 현륭원을 행차할 때면 하얀 솜털이 울창한 숲을 약속하며 정조의 머리 위로, 혜경궁 홍씨의 머리 위로, 백성들의 머리 위로 날아올랐을 거야.

창경궁 버드나무

성종은 인수 대비와 인혜 대비를 창경궁에 모시려고 보니 걱정되는 부분이 있었어. 혹시나 담 밖에서 궁궐 안을 넘어다보지 않을까 하고 말이야. 그래서 빨리 자라고 20미터 넘게 자라는 버드나무를 심게 했어. 마침내 버드나무는 쑥쑥 자라서 궁궐 안을 잘 가려 주었지.

경복궁 버드나무

버드나무의 아름다운 모습을 잘 보여 주는 곳 중의 하나가 바로 경복궁이야. 경복궁 경회루에는 연못을 따라 버드나무가 자라고 있어. 경회루와 연못을 뒤로하고 버드나무가 높게 가지를 늘어뜨리며 서 있는 풍경은 경복궁이 자랑하는 멋진 모습 중 하나야.

비단을 품은 뽕나무

뽕나무는 누에를 키우는 데 필요해. 누에가 뽕나무 잎을 먹고 자라 비단을 짤 실을 만들어 주거든. 농업과 함께 누에를 기르는 잠업을 조선의 왕들처럼 정조도 중요하게 생각했어. 우리 생활의 중요한 부분인 옷을 만드는 것이니까 말이야. 그래서 화성에도 뽕나무를 많이 심게 했어. 백성들이 배불리 먹고 비단옷을 입고서 넉넉하게 살기를 바라며 말이야.

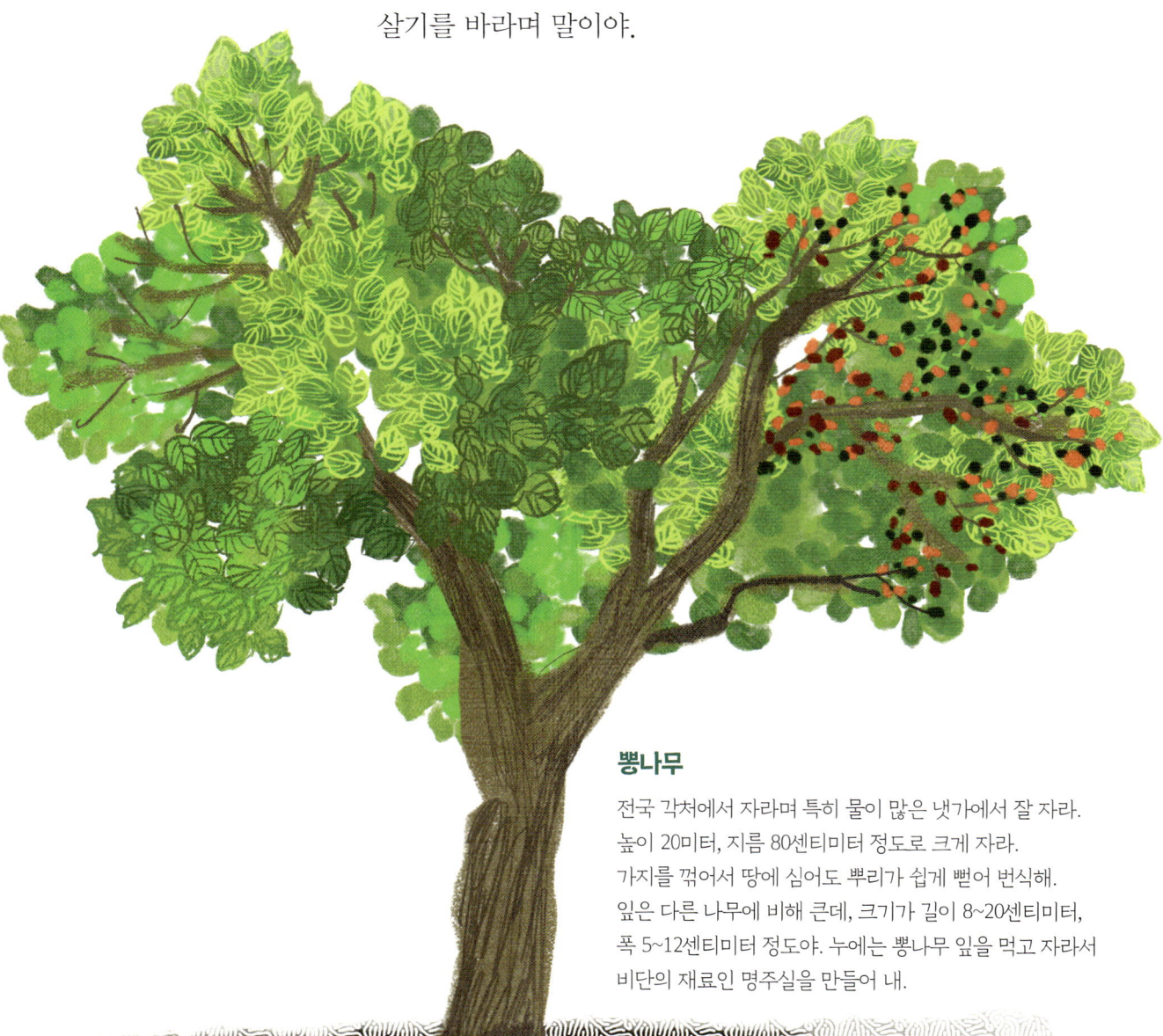

뽕나무
전국 각처에서 자라며 특히 물이 많은 냇가에서 잘 자라. 높이 20미터, 지름 80센티미터 정도로 크게 자라. 가지를 꺾어서 땅에 심어도 뿌리가 쉽게 뻗어 번식해. 잎은 다른 나무에 비해 큰데, 크기가 길이 8~20센티미터, 폭 5~12센티미터 정도야. 누에는 뽕나무 잎을 먹고 자라서 비단의 재료인 명주실을 만들어 내.

화성에 뽕나무 1만 그루를 심어라

정조 16년부터 시작된 흉년이 정조 22년까지 이어졌어. 이때 전국에서 수많은 상소가 올라 왔는데, 그중 우하영이라는 사람의 상소가 정조의 눈에 띄었어. 우하영은 수원에서 실제 농사를 지으며 가난하게 살고 있었지. 정조는 우하영 상소에 대한 답으로 화성에 뽕나무 1만 그루를 심으라고 했어.

"안주 목사의 공상 고사를 본받아서 먼저 화성부터 뽕나무 심기를 시작하라!"

안주 목사 이원익의 이야기

안주 목사 이원익은 선조, 인조 때 영의정을 지낸 사람이야. 정조가 말한 안주 목사의 공상 고사는 이원익이 안주 목사로 있던 때의 이야기를 말해. 이원익이 목사로 파견된 안주 지방은 평안도에 위치해 있었어. 당시 평안도에는 양잠이 유행했지만 안주 지방 사람들은 뽕나무를 심지 않았어. 안주 땅이 뽕나무 심기에 적당하지 않다고 생각했거든. 그때 이원익이 집집마다 뽕나무 씨앗을 심도록 권장했어. 그리고 몇 해 지나지 않아 안주는 뽕나무가 숲을 이루었지.

화성 팔달산 아래 뽕나무밭머리

화성에서 뽕나무를 가장 많이 심은 곳은 팔달산 주변이었어.
팔달산은 정조가 행차할 때마다 묵는 행궁의 뒷산이야.
행궁 후원에도 두루 심었지. 지금도 팔달산 주변에는
뽕나무밭이나 뽕나무밭머리라는
지명이 남아 있어.

"뽕을 심는 일로 말하자면,
백성들이 생활하는 매일 쓰는 것으로
옷과 밥처럼 절실한 것이 없다."

귀한 비단을 얻을 수 있는 뽕나무 심기

조선 후기 실학자인 박제가는 뽕나무 심기가 어렵지 않다고 했어.
가는 붓대만 한 가지를 반 자 정도 잘라서 양쪽 끝을 불로 태운 뒤에 심으면 된다고 했지.
또한 뽕나무 열매인 오디를 채소처럼 바로 심어도 된다고 했어. 오디를 심은 첫해에 돋은 줄기는
불을 질러 태우고, 2년째 가지를 베어 버리면 떨기가 무성하게 자란다고도 했어.

뽕나무 가지 심기

뽕나무 열매 심기

곡물은 밥의 근원이 되니, 이것이야말로 하나라도 없어서는 안 되는 것들이다!"

궁궐에 심은 뽕나무

정조뿐 아니라 조선의 여러 왕들은 뽕나무 심기를 백성들에게 권장했어. 또한 궁궐 안에도 심게 했어. 조선 3대 왕인 태종을 비롯해 세종, 성종은 경복궁과 창덕궁에 뽕나무를 많이 심었어. 이렇게 심은 뽕나무들 중에는 아직도 살아서 궁궐의 한 자리를 차지하고 있는 것이 있어. 바로 창덕궁의 뽕나무야. 천연기념물로 보호되고 있는 창덕궁의 뽕나무는 언제 심었는지 정확히 알 수 없지만 수령이 400년 정도야. 보통 뽕나무는 2미터 정도로 자라는 작은 키 나무인데, 창덕궁의 이 뽕나무는 12미터까지 자랐어.

훌륭한 인재를 품은 오얏나무

1798년(정조 22)에 현륭원의 재실 근처와 대황교 등 여러 곳에 오얏나무, 밤나무를 비롯해 잡목을 심은 기록이 있어. 오얏은 자두의 옛말로, 한자로는 이(李)로 표현하기도 해. 복숭아꽃을 뜻하는 도(桃)와 함께 써서 도리는 훌륭한 인재를 나타낼 때 쓰는 말이지. 정조가 재실에 오얏나무를 심은 것은 훌륭한 인재를 얻고 싶었기 때문인지도 몰라.

오얏나무

자두의 옛 이름이 오얏이야. 낙엽을 떨구는 키 큰 나무로 장미과에 속해. 꽃은 봄에 피고 꽃잎이 5장이야. 4월에 잎보다 먼저 피는 흰색의 오얏꽃은 보통 세 개씩 달려. 열매인 자두는 여름의 대표적인 과일이야.

우리 임금님이 심은 나무에
꽃이 활짝 피었네.

임금이 심은 나무를 늘 보고 지내다

1798에 심은
오얏나무는 9,736그루야.
이때 밤나무도 9,877그루,
잡목도 4,317그루 심었어.
현륭원 재실 외에 심은 곳은
대황교와 그 근처였어.
재실의 오얏꽃은 백성들이
볼 수 없었지만 대황교 일대의
오얏꽃은 백성들이 지나다니며
늘 볼 수 있었지.

우리 임금님이 심은 나무의
열매가 참으로 달고도 시네.

창덕궁
인정전 지붕에서
만나는 오얏꽃 문양

조선을 상징하는 오얏나무

봄마다 꽃을 피우는 오얏나무 외에
오얏꽃이 늘 활짝 피어 있는 곳이 있어.
바로 창덕궁 인정전 지붕이야.
또 조선 왕실에서 쓰던 그릇에도 피어 있어.
사람들이 지나다니는 문에도 그려져 있지.
대한 제국에서는 나라를 상징하는 문장으로
오얏꽃을 채택하기도 했어.

오얏나무 시집 보내기

오얏나무는 과일나무 가운데 오래 사는 편에 속해. 30년 넘게 살지. 이런 오얏나무에 열매를 많이 맺게 하려면 시집을 보내야 해. 오얏나무를 시집 보내려면 정월 초하루나 정월 보름날 갈라진 가지 사이에 벽돌이나 돌을 끼워 두면 돼. 또는 12월 중에 몽둥이로 갈라진 가지 사이를 약간씩 두들겨 주고, 정월 그믐날에 다시 한번 그곳을 두들겨 줘. 그러면 그렇게 하지 않은 나무보다 열매가 더 잘 열려.

과일나무 접붙이기

과일나무를 심어서 열매를 얻으려면 특별한 관리가 필요한데, 그 중의 하나가 접붙이기야. 과일나무는 접붙이기를 하면 열매가 크고 더 많이 열리지. 접붙이기는 눈 또는 눈이 붙은 줄기를 대목에 붙이는 거야. 이렇게 하면 두 나무가 하나의 나무가 되면서 새로 붙인 줄기의 성격으로 자라지. 대목은 윗줄기를 자르고 밑동만 남은 나무를 말해.

정약용, 과거에 급제하지 못한 선비에게 과일나무 심기를 권하다

정약용은 정조가 신뢰하고 사랑한 신하였어. 정조가 나랏일을 하는 데 많은 도움을 주었거든. 그런데 정약용이 과거에 급제 하지 못해 가난한 선비들에게 과일나무를 심으라고 권하기도 했다는 사실 알고 있니?

보리를 심을 땅에 오얏, 복숭아, 매실, 살구, 능금을 심으면 그 이익이 10배가 될 것이다.

과거에 급제하지 못해 벼슬길에 나가지 못한 선비가 부모를 모시고 자식을 키울 수 있는 유일한 방법은 농사짓기였어.

하지만 농사는 힘이 들었고, 품이 많이 드는 반면에 돈벌이가 되지 못했지. 반면 과일나무 10그루를 심고 가꾸면 한해에 엽전 50꿰미를 얻을 수 있었어.

조선 후기 정조 때에는 과일을 내다팔 수 있는 시장도 많이 생겼어. 서울에서 열리는 시장을 시, 시골에서 열리는 시장을 장, 또는 장시라고 했어. 안성장, 봉평장 같은 장시가 시골에서 열렸지. 시골 장시는 5일마다 열렸는데, 정조 때 전국에 5일장이 열리는 장시가 1천여 개가 넘게 생겨나. 이런 장시에 과일나무에서 수확한 열매를 내다 팔면 농사짓는 것보다 돈을 많이 벌 수 있었어.

울창한 숲과 숲에 대한 열정을 남기다

아버지를 위로하기 위해 나무를 심기 시작한 정조는 해마다 나무 심기를
멈추지 않았어. 그리고 그것을 기록으로 꼼꼼하게 남겼어.
나무를 심어 숲을 가꾸는 일을 국가 사업으로 키우기 위해 체계적으로 관리한 거야.
현재 융릉에서 자라는 나무가 정조 때 심은 나무는 아니야.
그 나무들의 후계목이거나 후대의 관리자들이 대대로 심은 나무들이지.
정조가 세상을 떠난 뒤에도 계속 나무들을 심고 가꾸고 있으니까.
정조는 끊임없는 나무 심기를 통해 울창한 숲뿐만 아니라
숲을 사랑하는 마음도 남겨 준 거야.

또한 고을 사또와 아전들, 나무를 심었던 군인들, 나무 심는 걸글 감독했던 관리들, 전문적으로 나무 심기만을 위해 파견된 식목차사원 등에 대한 기록들이 체계적으로 정리돼

나무 심기를 칭찬하다

나무 심기가 끝난 뒤에 정조는 반드시 상을 주었어. 이때 심은 나무의 종류와 수량, 나무를 캐어 온 곳과 캐어 온 사람, 운반한 사람들에 대한 기록까지도 남겨 놓았지.